27
L n 11487.

MISSION

DU

PRÊTRE CORSE

MISSION

DU

PRÊTRE CORSE

PAR

JEAN DE LA ROCCA

Auteur de la *Vie de M. Abbatucci, ministre de la Justice*, etc.

Prix : 1 franc.

PARIS

IMPRIMERIE SIMON RAÇON ET COMPAGNIE

1, RUE D'ERFURTH, 1

1858

MISSION

DU

PRÊTRE CORSE

I

Qu'on ne se méprenne pas sur la véritable portée du titre de cet opuscule. Je n'ai aucun caractère sacré pour tracer la voie au sacerdoce. Je n'usurpe aucune mission spirituelle. La question que je désire traiter est purement sociale, et elle ne fait que côtoyer l'idée religieuse, qui ne peut être ici débattue.

Mais, quel que soit le but que je désire atteindre, et quelle que soit la nature du sujet que je me propose de traiter, ai-je droit d'élever ma voix pour formuler un conseil et indiquer la route au clergé de notre île? Incompétent au point de vue du dogme, que je n'ai, du reste, nullement l'intention d'attaquer, je peux certes m'élever contre certains écarts auxquels se laissent entraîner quelques prêtres corses, et contre une influence dont ils abusent souvent au profit d'intérêts purement matériels ou personnels.

Cette question est délicate; elle a besoin d'être envisagée avec beaucoup de calme et de prudence par l'écrivain, et avec un peu de condescendance et d'impartialité par le lecteur. Et dès maintenant, je le proclame, ceci n'est pas un pamphlet; c'est un avertissement consciencieux, un conseil d'un cœur loyal et d'un esprit sincère, exempt de toute haine, de tout ressentiment, comme de tout préjugé. Ceci est une œuvre de conciliation, et non un brandon de discorde. Je n'ai jamais pris la plume que dans un but de paix, et toujours en vue de la prospérité de la Corse.

Ce n'est pas la première fois que je plaide les intérêts de notre pays et que je cherche les améliorations qu'on pourrait y introduire. J'ai publié naguère une longue étude sur la situation matérielle, et j'ai examiné quelques questions dont dépend le progrès agricole, industriel et commercial, de notre département. La loyauté de ma plume, le patriotisme qui l'inspire sans cesse, sont dès lors assez constatés, je l'espère, pour qu'on n'interprète pas d'une manière défavorable l'intention dans laquelle j'écris cette brochure. Un livre inspiré par la passion ne parvient, du reste, jamais à convaincre; et ce que je désire, avant tout, obtenir, c'est de convaincre ceux mêmes contre les menées de qui je veux aujourd'hui m'élever.

Mais, avant d'aborder mon sujet, avant de formuler un conseil ou de prononcer un blâme, j'ai à faire une profession de foi; elle fera tomber tout malentendu.

Bien qu'animé des sentiments de tolérance les plus larges, je suis plein d'amour et de respect pour une religion à laquelle nous devons la civilisation des peuples. Le christianisme, dont le catholicisme est la plus pure interprétation, a transformé le monde. Il a détruit le matérialisme antique; il a fait disparaître l'esclavage; il a constitué la fraternité universelle; il a proclamé l'égalité devant Dieu, notre père équitable. Sous l'influence de sa doctrine et de sa morale, les cœurs se sont moralisés, les instincts se sont élevés; les esprits, inondés par les divines clartés du Verbe, ont été pénétrés des vérités éternelles; la justice s'est répandue sur la terre; les dévouements se sont manifestés; les mœurs ont dépouillé leurs impuretés. Des mystères augustes ont remplacé les honteux mystères sous l'ombre desquels le paganisme abritait ses saturnales et ses orgies. Le monde, enfin, noyé sous les flots diluviens des passions et des vices, a revu, avec le soleil de la foi chrétienne, la colombe qui annonçait la bonne nouvelle, la rénovation de la terre, son salut.

Saisi d'admiration pour la morale que l'Église enseigne, je n'ai pas moins de respect pour les ministres qui consacrent leur vie à répandre ses préceptes sacrés. Le prêtre est digne de vénération, d'amour, de confiance. Sa vie tout entière est une longue abnégation, un continuel dévouement; il travaille constamment pour Dieu et pour l'humanité, jamais pour lui-même.

Quelle est, en effet, la mission du prêtre?

La mission du prêtre est toute religieuse. Jésus-Christ a dit : « Mon royaume n'est pas de ce monde. » Les intérêts de la terre doivent alors fort peu occuper les ministres de Jésus-Christ; toute leur vie doit être consacrée aux intérêts du ciel.

Ce qui rend surtout le prêtre digne de respect, de foi, de confiance, c'est son esprit désintéressé, étranger aux passions qui agitent les hommes, planant au-dessus des intérêts matériels et des conflits des rivalités. Neutre entre tous les systèmes qui ne concernent pas la religion, également accessible à tous les hommes, et également disposé en la faveur de tous, il est dégagé de toute préférence. Tous sont alors ses amis, comme il est l'ami de tous; à ses pieds expirent toutes les haines, toutes les discordes. Dans les hauteurs sereines où son âme s'élève, il ne se mêle pas aux guerres que se livrent les hommes. C'est cette situation qui permet à son esprit la justice, et à son cœur l'amour de l'humanité.

La justice et l'amour de l'humanité, ne sont-ce pas là les deux qualités inhérentes au caractère du prêtre, les deux facultés indispensables, et sans lesquelles il n'y a que de faux ministres?

Quel est, en effet, le but et le mobile de l'homme qui se revêt du sacerdoce? Son but, en dehors de la glorification de Dieu, qui est sa mission suprême, est de conduire l'humanité au bonheur céleste; et son mobile est, par conséquent, un profond sentiment d'amour pour cette même humanité.

Cet amour peut-il exister sans la justice? Non; car, sans la justice, il n'y a que des préférences, et les préférences établissent dans le cœur du prêtre une affection pour quelques hommes, à côté d'une haine pour plusieurs autres.

Sans la justice, il n'y a donc qu'aveuglement, rivalité, ressentiment, défaveur, envie. Tous les mauvais sentiments s'éveillent dans les âmes. La méfiance naît; la parole sacerdotale devient suspecte; le caractère du ministre de Dieu perd de son prestige; il tombe de la hauteur divine où le plaçait la croyance populaire, et vient se briser dans l'abîme des passions vulgaires.

Dieu nous a tous appelés. Nous sommes tous égaux devant lui; nous devons tous être égaux devant son représentant. Un homme consacré à l'Église ne nous touche jamais mieux que lorsqu'on le voit humilier toute vanité au chevet du lit du faible et du pauvre; de ce pauvre, quel qu'il soit, il fait son ami, son frère. Quoi de plus attendrissant?

C'est là l'amour de l'humanité;

C'est là l'amour de la justice.

Un assassin a été atteint par les lois de la société; il doit périr. Il est dans un obscur cachot; tout le monde l'abandonne et le méprise. Il n'a sur terre ni ami ni parent; son père lui-même l'a maudit, et ses frères rougissent de porter le même nom.

Eh bien, dans son isolement au milieu du désert qui se fait dans son âme et autour de lui, cet homme trouvera une parole douce et consolante, une promesse d'avenir, un espoir de bonheur éternel, qui fera

refleurir son âme et la repeuplera de vie et d'aspira-
tions ; et cette parole sera celle du prêtre. Il trouvera
un ami, un frère, qui ne rougira pas de l'appeler son
ami, son frère ; qui le prendra sous le bras, lui char-
mera le chemin de l'échafaud, le soutiendra, le pres-
sera sur son sein, et ne le quittera qu'au seuil de
l'éternité.

Voilà où le prêtre est beau, voilà où il est admi-
rable !

« Le prêtre, dit Michelet, serait l'homme de tous,
l'homme qui appartient au pauvre, l'arbitre conci-
liant qui empêche les procès, le médecin hygiénique
qui prévient les maux. »

Nous allions retracer le tableau des devoirs civils
du clergé, lorsqu'il en existe un si beau, si clair, si
explicite, si touchant ! Tout le monde l'a lu ; et pourtant on l'oublie si souvent, que nous ne pouvons ré-
sister au désir d'en reproduire les principaux passages, qui concourent à appuyer la thèse que nous
soutenons aujourd'hui.

Laissons donc parler M. de Lamartine.

« Il est un homme, dans chaque paroisse, qui n'a
point de famille, mais qui est de la famille de tout le
monde ; que l'on appelle comme témoin, comme conseil, comme agent, dans tous les actes les plus solen-
nels de la vie civile ; sans lequel on ne peut naître ni
mourir ; qui prend l'homme au sein de sa mère et ne
le laisse qu'à la tombe ; qui bénit ou consacre le berceau, la couche conjugale, le lit de mort et le cercueil ;
un homme que les petits enfants s'accoutument à

aimer, à vénérer et à craindre; que les inconnus mêmes appellent mon père, aux pieds duquel les chrétiens vont répandre leurs aveux les plus intimes, les larmes les plus secrètes; un homme qui est la consolation, par état, de toutes les misères de l'âme et du corps; l'intermédiaire obligé de la richesse et de l'indigence; qui voit le pauvre et le riche frapper tour à tour à sa porte, le riche pour y verser l'aumône secrète, le pauvre pour la recevoir sans rougir; qui, n'étant d'aucun rang social, tient également à toutes les classes : aux classes inférieures, par la vie pauvre et souvent par l'humilité de sa naissance; aux classes élevées, par l'éducation, la science et l'élévation des sentiments qu'une religion philanthropique inspire et commande; un homme, enfin, qui sait tout, qui a le droit de tout dire, et dont la parole tombe de haut sur les intelligences et sur les cœurs avec l'autorité d'une mission divine et l'empire d'une foi toute faite; cet homme, c'est le curé: *nul ne peut faire plus de bien ou plus de mal aux hommes, selon qu'il remplit ou qu'il méconnaît sa haute position sociale.* »

.   .   .   .

« Comme celui du Christ, son enseignement doit être double par la vie et par la parole; sa vie doit être, autant que le comporte l'infirmité humaine, l'explication sensible de la doctrine, une parole vivante. L'Église l'a placé là plus comme exemple que comme oracle. La parole peut lui faillir, si la nature lui en a refusé le don; mais la parole qui se fait entendre à tous, c'est la vie : aucune langue humaine n'est aussi éloquente et aussi persuasive qu'une vertu. »

. . . .

« Il ne doit y avoir, devant le curé comme devant Dieu, ni riche, ni pauvre, ni petit, ni grand, mais des hommes, c'est-à-dire des frères en misères et en espérances.

« Les droits et les devoirs du curé ne commencent que là où on lui dit : « Je suis chrétien. »

« Le curé a des rapports administratifs de plusieurs natures.

« Les rapports avec le gouvernement sont simples; il lui doit ce que lui doit tout citoyen français, ni plus ni moins : obéissance dans les choses justes. Il ne doit se passionner ni pour ni contre les formes ou les chefs des gouvernements d'ici-bas; les formes se modifient, les pouvoirs changent de noms et de mains, les hommes se précipitent tour à tour du trône : ce sont choses humaines, passagères, fugitives, instables de leur nature; la religion, gouvernement éternel de Dieu sur la conscience, est au-dessus de cette sphère des vicissitudes, des versatilités politiques; elle se dégrade en y descendant, son ministre doit s'en tenir soigneusement séparé. *Le curé est le seul citoyen qui ait le droit et le devoir de rester neutre dans les causes, dans les haines, dans les luttes des partis qui divisent les opinions et les hommes;* car il est avant tout citoyen du royaume éternel, père commun des vainqueurs et des vaincus, homme d'amour et de paix, ne pouvant prêcher que paix et qu'amour; disciple de celui qui a refusé de verser une goutte de sang pour sa défense et

qui a dit à Pierre : Remettez ce glaive dans le four-
reau !

« Avec son maire, le curé doit être dans des rapports de noble indépendance en ce qui concerne les
choses de Dieu, de douceur et de conciliation dans tout
le reste; il ne doit ni briguer l'influence, ni lutter d'autorité dans la commune; il ne doit jamais oublier que
son autorité commence et finit au seuil de son église,
au pied de son autel, dans la chaire de vérité, sur la
porte de l'indigent, au chevet du mourant. Là, il est
l'homme de Dieu; partout ailleurs le plus humble, le
plus inaperçu des hommes.

« Retiré dans son humble presbytère, à l'ombre de
son église, il doit en sortir rarement. »

Ce tableau des devoirs du prêtre est complet : je suis
heureux de l'avoir trouvé ainsi tracé par une main
aussi habile et aussi éloquente. Si ma plume eût dû le
produire, il aurait manqué de cette autorité, de cet
éclat saisissant, de cette clarté vive, de cette éloquence
pénétrante que lui donne celle de M. de Lamartine.

Les préceptes émis par de Lamartine serviront d'ailleurs de base aux réflexions que je vais écrire. De plus,
je ferai voir quelles sont, et pour la religion, et pour
la société, et pour le prêtre lui-même, les conséquences
de toute déviation grave de la voie tracée au pasteur
ecclésiastique.

II

Le clergé peut exercer une grande influence. Il est des ressorts nombreux qu'il peut faire jouer. La force de ces ressorts tient au lieu et aux circonstances dans lesquels ils sont mis en action. En France, le clergé catholique a entre ses mains l'éducation des trois quarts des filles, et presque d'un quart des garçons. Il peut donc dès l'enfance jeter dans les âmes, dans les cœurs, dans les esprits, le principe d'une influence que l'âge, les passions, peuvent affaiblir, mais non briser entièrement. Et même chez certaines natures, le prêtre a d'autant plus de pouvoir sur elles qu'elles ont plus à se faire pardonner les écarts auxquels elles s'abandonnent. Dans les villes, les hommes, il est vrai, échappent en grande partie à l'action ecclésiastique; mais ils y sont soumis indirectement par les femmes, car celles-ci peuvent servir de levier puissant, ou d'intermédiaire.

Cette action, d'ailleurs, peut s'exercer de mille manières. Le clergé, en effet, a la haute main dans les associations, les bureaux de bienfaisance, les institutions pieuses ou charitables; et je ne veux pas faire entendre ici que je crois au jésuitisme ou à toute autre affiliation religieuse secrète. Le clergé est un, par son essence. Il est mû par les mêmes intérêts; il agit fatalement avec ensemble; et toute affiliation est inutile.

Tout prêtre est jésuite, a écrit Michelet, ce qui veut dire que tout prêtre est par son état dévoué à l'œuvre cléricale, dans quelque acception que cette œuvre soit prise.

Le plus puissant moyen d'influence est sans contredit la confession. Assis au tribunal de la pénitence, le chrétien livre toute son âme au juge spirituel. Il reçoit de lui conseil, admonestation, direction. Il écoute sa parole comme celle d'un oracle, et, pénétré d'un intime sentiment de contrition, il est prêt à souscrire à toute exhortation.

Au confessionnal l'homme annihile sa volonté.

Je suis loin de croire que dans ce lieu sacré, pendant cette opération grave et sainte par laquelle le pénitent ouvre sa vie au prêtre, celui-ci fasse intervenir les intérêts profanes et mette à profit, pour les servir, les avantages de sa position. Mais il n'est pas moins vrai qu'il peut exister des prêtres que l'esprit de Dieu n'éclaire pas, qui oublient leur devoir, ou qui, animés d'un zèle excessif en faveur d'une idée ou d'un de leurs chefs spirituels, abusent du pouvoir que la situation et leur caractère leur donnent.

Et cet abus d'influence peut être commis de la meilleure foi du monde, et toujours *ad majorem Dei gloriam*.

Les intrigues cléricales ont deux buts généraux : ou de servir les intérêts d'un gouvernement protecteur lui-même des intérêts ecclésiastiques; ou d'agir en dehors du gouvernement pour des raisons purement religieuses, particulières ou personnelles.

Les intérêts réels du clergé sont opposés à ceux de
l'État; par l'appui qu'il donne aux gouvernements, il
matérialise la mission spirituelle qu'il a reçue. Cette
question a été débattue avec beaucoup d'intelligence
et de logique par un écrivain sincèrement chrétien.
Distinguant l'Église vraie, éternelle, le Verbe de
Dieu enfin, de l'Église fausse, l'Église matérialiste,
païenne, intrigante, mondaine, il fait voir l'abîme
d'abaissement où cette dernière peut entraîner la
religion.

Proudhon aurait dû distinguer ces deux Églises,
et sa violente diatribe, revêtue d'une forme moins
acerbe, au lieu de renfermer une grande injustice,
aurait formulé une désolante vérité.

Voici ce qu'écrit M. le marquis de Montagu, en ré-
futant le livre de M. de Montalembert, intitulé, *Des
intérêts catholiques au dix-neuvième siècle* :

« Le clergé, depuis mille ans incorporé au monde
et devenu *corps d'État*, sous le nom dérobé d'*Église*, se
montre associé aux intérêts du monde, et, dans cette
position césarienne, délaissant sa position apostolique,
on le voit vivant de la vie du monde, comme s'il était
du monde, sans se douter que le Christ l'a institué
pour autre chose. Que devait-il arriver?

« Ce que le Christ avait prédit par ces paroles :
« Si le sel perd sa salure, avec quoi salera-t-on? »
C'est-à-dire, qu'institué hors de l'organisation païenne
du monde, par ces préceptes du divin Maître adressés
aux apôtres : « Vous n'êtes pas du monde; je vous ai
« retranchés du monde, » le clergé, y étant rentré, en

prit l'esprit et perdit celui de sa vocation. Quand donc,
en vertu de ces autres paroles du Christ : « Le vin
« nouveau mis dans les vieilles outres les fait rom-
« pre, » l'idée chrétienne, fermentant dans l'iniquité
légale, fit sortir de l'âme des serfs cette interrogation
adressée aux seigneurs : « D'où viennent vos droits ? »
le clergé, organe de l'ordre moral, ne se trouvant pas
là, entre les seigneurs et les serfs, pour poser les bases
de l'équité et pour dire aux premiers : « Vos droits
« sont faux, car c'est le consentement qui fait le
« droit social, et non la force; » et aux seconds :
« Dieu n'autorise personne à se faire justice par ses
« mains; mais sachez tous que, pour réprimer l'ini-
« quité et commencer le règne de la justice, Dieu a
« donné son fils au monde pour racheter le monde et
« y rétablir toutes les vérités altérées, parmi lesquelles
« est la vérité du droit naturel que la morale chré-
« tienne a pour objet de concilier avec l'état déchu
« de l'homme; » le clergé, dis-je, n'étant pas là pour
tenir ce langage et se rendre médiateur entre le fort
et le faible, mais se trouvant, comme corps politique,
dans le camp de César, et, par conséquent, juge et
partie dans la question sociale, perdit toute influence
morale et la fit perdre à la religion.

« Devenue donc comme un cadavre par l'absence
de l'esprit de vie, la religion cessa de servir de guide
à l'intelligence humaine. Alors l'esprit de l'homme
quitta la voie du Christ et fit retour à la lumière pri-
mitive, à la raison, et lui demanda les notions du droit
social *naturel*, à défaut de la connaissance du droit

social *chrétien*, dont le privait la défection régénérative du clergé.

« De là, d'une part, le succès, dans la chrétienté, du rationialisme et du naturalisme sous le nom de philosophie; et, de l'autre, la réprobation, au nom de l'Église, de l'usage de la raison, non en ce qui concerne le dogme révélé, où en effet la raison n'a rien à faire, mais en ce qui concerne la position prise dans le monde par le clergé, où la raison au contraire a tout à faire. Alors s'opéra dans la chrétienté un double phénomène moral. On vit, à défaut de la religion exploitée par le clergé, la raison prendre seule la direction de l'esprit public moderne, et accomplir hors des voies de l'Église une civilisation philosophique, sensualiste et matérialiste, conforme au type païen. Parallèlement à ce mouvement intellectuel, on vit le clergé, pour mettre ses intérêts mondains à l'abri des traits de la logique, imaginer et tout faire pour réaliser un amalgame césarien de temporel et de spirituel, duquel amalgame fut bannie la raison, avec défense d'y pénétrer par brèche, ni fissure, sous peine d'être appréhendée au corps et livrée au bourreau; et, pour maintenir cette œuvre privée de raison faussement appelée l'Église contre les victorieuses attaques de la raison, le clergé versa, par la main de César, des flots de sang chrétien. Inutile holocauste! L'œuvre du clergé dépérit, languit et passe à l'état de cadavre. »

La conclusion est funèbre, et, certes, ce n'est pas moi qui l'ai tirée. Mais telle est la fatalité des conséquences; le prêtre, en abandonnant le spirituel pour le temporel, fait une œuvre de mort. Le clergé se suicide en croyant établir sa force et se faire revivre.

M. le marquis de Montagu nomme césarisme clérical cette puissance mondaine que le clergé exerce et qu'il tire non de la foi qu'on a en lui, mais de son alliance avec le pouvoir ou de sa propre force matérielle.

L'auteur que je cite est encore plus sévère dans d'autres passages. Et, comme je ne veux pas, je le répète, faire un pamphlet, je m'effacerai, autant que je le pourrai, derrière la parole d'autrui.

« Depuis que la papauté s'était incorporée au monde, dit l'adversaire de M. de Montalembert, en acceptant et exerçant le césarisme, il est de fait que la religion marchait à sa ruine et que, de l'aveu de M. de Montalembert, elle était arrivée à la fin de l'ancien régime, en 1800, à l'état de cadavre dans les pays catholiques. De nos jours, la renaissance de la foi, à laquelle l'auteur a le bonheur d'assister, se fait dans les pays comme l'Angleterre, les États-Unis d'Amérique et la France, où le clergé ne possède pas une parcelle de la puissance temporelle ; tandis qu'elle ne se fait pas dans les pays où le clergé est encore en possession des choses du monde, et particulièrement dans les États du saint-siége, où, au contraire, l'incrédulité, l'indifférence et le protestantisme font de visibles progrès. La place qu'ont prise Rome et la papauté dans le monde n'est donc pas ce qui favorise la renaissance catholique ; au contraire, elle l'entrave, la retarde, la mine, et pourrait la ruiner de nouveau, si Dieu n'était là pour remettre la papauté à sa vraie place. »

Veut-on savoir du reste ce que pense M. de Montalembert de l'alliance du clergé avec l'absolutisme? Voici un passage du célèbre orateur que je reproduis d'après M. de Montagu :

« Malheur à ceux qui voudraient enchaîner à cette idole (l'absolutisme) les destinées immortelles de la religion ! Ils pourront la compromettre pour un temps ; mais elle se relèvera, elle désavouera toute solidarité avec eux ; elle ne leur pardonnera pas ; et, dans la mémoire irritée des générations futures, elle placera leurs noms à côté de ceux de ses ennemis et de ses persécuteurs. »

Ce jugement, certes, ne peut paraître suspect. L'orateur ultramontain est beaucoup plus que chrétien, il est même un peu plus que catholique.

« Au nom des *vérités chrétiennes*, s'écrie M. de Montagu, nous acceptons ce jugement formulé avec la dignité de l'homme et la droiture du chrétien, nous l'acceptons sans réserve et le clouons à la porte du Vatican pour être vu : *Urbis et orbis.*

« Sorti de la bouche ultramontaine de M. de Montalembert, ce jugement a une immense portée ; en voici les conséquences virtuelles : la séparation faite en principe de la part de Dieu et de la part de César, séparation infirmée dans la pratique par l'incorporation du clergé au monde, est cette séparation, rétablie de fait, comme elle a toujours existé de droit :

« L'autel et le trône sont disjoints.

« L'Église est détachée de l'État.

« César n'est plus l'évêque extérieur ni le bras de l'Église ; il n'est que le produit de l'organisme païen de l'autorité.

« Le pape n'est plus l'allié de César, ni César lui-même.

« Le clergé reprend son apostolat.

« César est rendu au monde pour en partager le sort prédit.

« L'Église rentre dans la constitution divine.

. . . .

« Si la société moderne portait ses regards sur ce que vous appelez l'Église, que verrait-elle ? Elle verrait, depuis mille ans, les successeurs de Pierre devenir Césars, préférer l'avilissante domination qu'ils tiennent du monde à la servitude sanctifiante que leur a léguée le divin Crucifié ; elle verrait le père commun des fidè-les, assis au banquet des rois, tendre sa coupe aux fa-veurs de la fortune ; et, sur l'observation constam-ment faite par les plus nobles âmes, touchant les dan-gers de cette position, la société moderne entendrait le vicaire de l'Homme de douleur dire à César : « Fais « taire ces importuns, et verse toujours. »

. . . .

« Ainsi condamné, en fait, par les fruits désastreux qu'il a produits dans la chrétienté ; condamné, en logique, par la contradiction qui existe entre le prin-cipe chrétien et l'organisme païen du monde ; con-damné, en morale, par la constitution de l'Église, le césarisme clérical n'a pour le défendre que les *intérêts* de ceux qui l'exploitent à tous les titres et par tous les moyens. Or, dépouillé du prestige dont l'avait entouré l'ignorance, et réduit à sa monstrueuse nudité; le césarime clérical, ne pouvant comparaître au tribunal de la raison chrétienne, en public, à la clarté du jour, ses avocats et procureurs demandent le huis clos des ténèbres et le silence de la domination. »

Malgré son style un peu embarrassé, M. de Montagu a une logique sûre et une dialectique ferme et serrée. Et puis il a une bonne foi calme et réfléchie qui donne de suite de l'autorité à sa parole. — Les idées qu'il professe, et qui pour la plupart sont les nôtres, rentrent avec un heureux à-propos dans le cadre de cet ouvrage. Ainsi appuyé par un concours d'écrivains comme Lamartine, Michelet, Montalembert, Montagu, je serai plus fort dans mon argumentation, et ma voix ne se perdra pas peut-être, comme elle l'eût fait dans un *solo* impuissant.

Qu'on veuille donc bien se pénétrer de l'idée que je poursuis : c'est la recherche du temporel qui fait perdre le spirituel ; à poursuivre les choses de la terre, on perd les biens du ciel.

La plupart des schismes qui divisent la chrétienté ont pu avoir pour cause occasionnelle l'émancipation des passions humaines ou l'orgueil de la raison ; mais la principale cause, c'était l'imprudence du clergé. L'avarice et l'ambition de l'Église française, en 1790, ont failli tuer à jamais le catholicisme en France. Pour avoir tenu avec trop d'ardeur à leurs priviléges, les prêtres ont occasionné la mise hors la loi du clergé insermenté, puis son incarcération, son bannissement, sa déportation, et enfin son exécution.

La République établit le culte de la Raison, parce que les prêtres ne voulaient pas reconnaître les lois de la République.

La guerre d'influence est aussi funeste à l'Église que le césarisme ou la participation au pouvoir. C'est sur le continent français surtout, divisé d'opinions religieuses et politiques, que les intrigues cléricales peuvent être fatales à la religion. Il y a là deux puissances en présence, terribles, incalculables, sans cesse en lutte ; et, chaque fois qu'elles se choquent, elles frappent et blessent l'idée religieuse qui se trouve entre elles.

Ces deux puissances sont Voltaire et Loyola. Et qu'on le sache bien, c'est le jésuitisme qui a fait le voltairianisme. Enlevez au prêtre les menées ténébreuses, l'esprit d'envahissement, l'ambition, l'amour des richesses et de la domination ; revêtez-le des humbles habits des apôtres, de la simplicité, de l'humilité chrétienne ; entourez-le enfin de l'esprit de Dieu, et l'ironie se meurt, et le rire expire pour faire place à l'estime, à la vénération, à la foi !

Que l'homme de Jésus-Christ accepte tout, César ou Pompée, Antoine ou Octave, tout, hors la violation des dogmes de Jésus-Christ, et il sera accepté lui-même de tous ; et il ne trouvera que des amis, des serviteurs, des prosélytes, des enfants !

Quelle prudence, quelle tolérante sagesse ne doit pas avoir le prêtre au milieu des luttes de partis, des disputes de coteries qui divisent la société de la France continentale ! S'il ne dépouille pas totalement les intérêts mondains, les préférences politiques, il excite contre lui une foule de passions, de tendances ou d'intérêts contraires. Ce ne sont plus des frères qu'il a en présence, mais bien des adversaires, des compétiteurs, des ennemis. Des haines, des mépris, des envies, s'accumulent contre lui. Et, dans cette circonstance, on ne voit pas l'homme derrière le prêtre, on ne voit que le prêtre ; son caractère est souillé de toutes ces animadversions; cette dépréciation de l'homme de Dieu monte à Dieu ; et on arrive à renier la religion dont de tels hommes se font les apôtres.

Les prêtres arméniens sont humbles, sans puissance, étrangers au monde, et ils sont vénérés de tous.

Et en France ?

Savez-vous ce qu'a amené l'alliance de César et de l'Église en France ?

La Saint-Barthélemy sous Charles IX,

Les dragonnades sous Louis XIV;

Deux taches de sang que ne porte certes pas le front de l'*Église*, mais que n'effacera jamais de son front le *parti clérical*.

Savez-vous aussi ce qu'ont produit les intrigues, la guerre d'influence, l'ambition du clergé ?

Elles ont produit ce lourd scepticisme qui pèse sur la religion, ces libelles terribles enfantés par les brûlantes plumes des Michelet, des Proudhon !

Et contre l'effet pernicieux de l'explosion de ces incrédulités impies, l'Église est obligée de recourir aux répressions judiciaires.

Impuissant remède !

Le coup était porté au cœur. Comment expliquer autrement que par l'impopularité du parti clérical l'immense succès des œuvres antireligieuses?

Agissez, agissez, prêtres; remuez-vous pour conquérir la puissance en ce monde; vous fonderez peut-être l'empire du clergé, mais non l'empire de Dieu ; vous couvrirez le pays d'une vaste hypocrisie, mais vous en chasserez la foi.

Mais que les hommes convaincus et qui veulent sincèrement le triomphe de la parole de Jésus-Christ réfléchissent aux conséquences tirées dans ce petit livre, et dont j'ai encore à poursuivre la didaction; qu'ils crient avec moi aux prêtres de quitter le monde pour se renfermer dans l'Église, hors de laquelle, pour la religion comme pour ses représentants, *il n'est point de salut;* — qu'ils se persuadent surtout que, comme l'a si bien dit M. de Montagu, l'*intérêt* clérical n'est pas l'Église.

Je n'ai jamais pu penser sans une profonde tristesse aux suites de l'accouplement de la puissance et de la foi, de César et de l'Église. Autour de moi j'ai regardé pour voir ce qu'ont produit le glaive dans la main de saint Pierre où la parole de saint Pierre appuyant le glaive d'un César. Hélas ! les gouvernements les plus en faveur auprès du saint-siége sont ceux qui pèsent sur l'Italie !

L'Italie ! Tous les journaux ont retenti de ses lamentations; toutes les plumes ont imploré pour sa situation horrible !

Encore une fois je ne fais pas un pamphlet. J'écris un livre sincère. Je suis chrétien, plein de foi, car je suis Corse, mais j'ai horreur de la tyrannie. Bien que mon œil voie, et que je puisse accuser moi-même, j'hésite à parler. Je laisse donc la parole à de plus hardis, et écoutez, écoutez l'élégie de l'Italie :

> Vous connaissez mon nom, je m'appelle Italie,
> Mon âme est épuisée et ma face est pâlie.
> . . . .
> De lourds et durs Germains m'ont prise et violée,
> Ainsi qu'une Thamar sur la route exilée ;
>   Ils ont montré mes flancs à nu ;
> Ils ont à poing fermé souffleté mon visage ;
> Ils ont mis ma beauté, que leur présence outrage,
>   A l'encan du premier venu !
> . . . .
> Ils m'ont mise vivante au sein des sépultures ;
> Ils ont eu des bûchers, des prisons, des tortures,
>   Des cachots, des plombs et des puits ;
> Les soldats m'ont frappée et les moines vendue !
> A genoux, corde aux pieds, fers aux mains, éperdue,
>   J'ai pleuré les jours et les nuits !
> . . . .
> Lorsque je réclamais ma liberté ravie,
> Et le droit éternel de marcher dans la vie
> Sans corde au cou, sans fers aux mains,
> . . . .
> Alors c'étaient des cris, des fureurs, des tonnerres ;
> On faisait accourir des bandes mercenaires,
> . . . .
> Tous sur moi se ruaient comme un flot, pêle-mêle ;
> De leurs chaînes de plomb ils attachaient mon aile,
>   Et d'un seul coup brisaient mes bras !

Maxime du Camp, les Convictions.

Détournons nos regards de ce tableau sinistre. Pourquoi faut-il que Pierre ait pris. la couronne d'or quand le Christ son maître a porté la couronne d'épines? le sceptre d'or quand Jésus eut un sceptre de roseau? le glaive qui soumet quand Dieu se soumit au glaive du pouvoir? Il ne voulait pas vaincre, notre Sauveur; il voulait persuader! Il ne voulait pas faire violence à la liberté, tromper les consciences; il voulait toucher et éclairer.

J'ai montré quels désastres peut amener l'Église travaillant de concert avec le pouvoir dans un intérêt purement terrestre. Son influence n'est pas moins pernicieuse lorsqu'elle l'emploie contre l'autorité civile. J'ai dit plus haut que la résistance intéressée du clergé français (1790) avait motivé les vengeances de l'Assemblée nationale et plus tard du Comité de salut public. — Les intrigues de prêtres réfractaires, leurs calomnies, leurs excitations fanatiques, firent plus pour l'établissement du culte de la Raison que tous les écrits de Voltaire et de Rousseau et même plus que cette ardeur subversive de toute ancienne croyance dans laquelle la Révolution avait jeté tous les esprits.

N'avons-nous pas vu de nos jours une semblable résistance compromettre l'Église piémontaise? « La situation des États sardes, lisons-nous dans l'excellent *Annuaire des Deux-Mondes* (1856-1857), aurait été des plus satisfaisantes sans les embarras que continuaient de donner au gouvernement ses relations avec le clergé. »

Quoi! l'Église seule trouble un pays. Au milieu des

crises, des famines, des guerres, des sourdes fermen-
tations révolutionnaires qui agitent l'Europe, le Piémont est tranquille, et seul le clergé l'inquiète ! !

Mais, dira-t-on, le gouvernement sarde voulait
ruiner le clergé !

Jugez d'après l'Annuaire précédemment cité :

« Quoi qu'ait pu perdre jusqu'à présent l'Église
sarde, on ne peut que trouver son sort digne d'envie.
Les revenus et biens dont elle jouit dépassent 17 mil-
lions de francs, ce qui est plus que la totalité de l'im-
position foncière et le dixième du produit effectif de
tous les biens de l'État. »

Ce qui n'empêche pas le clergé de jeter feu et flam-
mes contre quiconque a trempé directement ou indirectement dans la loi sur les couvents.

« Sans parler des abus de la confession, ceux qui
ont pris part à l'exécution de la loi sur les couvents
sont signalés à leur lit de mort et on leur impose des
rétractations injurieuses pour le gouvernement. »
(*Annuaire des Deux-Mondes.*)

En Belgique, l'extension toujours croissante de la
puissance de l'Église a fait éclater des troubles vio-
lents. A l'occasion de la loi sur les établissements
de bienfaisance, Bruxelles, Gand, Liége, Anvers,
Mons, etc., ont été le théâtre de vives agitations et de
manifestations énergiques.

M. de Hoclcer, ministre de l'intérieur, quoique
membre du parti catholique, a été forcé de blâmer en
pleine tribune les tendances du clergé et de déplorer
le *souffle d'intolérance* qui passait sur la Belgique.

La France elle-même n'a pas été exempte dans ces derniers temps d'intrigues cléricales et d'abus d'influence de la part du clergé. Un homme haut placé dans la hiérarchie de l'Église, attaché par de vieux souvenirs de famille à la famille des Bourbons, a cru devoir refuser tout concours au gouvernement établi par le peuple en 1851. M. de Dreux-Brézé, évêque de Moulins, refusa de paraître au baptême du prince impérial et imposa aux prêtres de son diocèse des conditions propres à éluder les droits que le pouvoir civil s'est réservés. Ce délit d'abus a un instant compromis les bonnes relations du gouvernement et du clergé. Et pourtant, dans cette fâcheuse affaire, le gouvernement s'est conduit avec une déférence, un esprit de conciliation dignes de tous éloges.

Ce sont ces résistances maladroites, ces luttes intempestives, et tout à fait en dehors des attributions du clergé, qui ont toujours compromis l'idée chrétienne et ont causé les schismes.

Encore une fois, je vous le dis, dépouillez la force, la puissance, la domination ; cessez la guerre, quittez l'épée. Jésus-Christ veut dominer par la pauvreté et l'humilité.

Soyez pauvres et humbles de cœur.

C'est là la parole divine.

III

Voilà le préambule qui devait ouvrir cet opuscule. Appuyé sur ces faits, je paraîtrai plus vraisemblable, plus juste aux yeux de mes lecteurs, et je n'aurai pas l'air de venir jeter une calomnie à la face du clergé.

L'Église corse se fait certainement remarquer par la piété simple et convaincue, le désintéressement, la modestie, le dévouement et le zèle de ses membres. Mais, comme partout, il y a le bon grain et l'ivraie, le bon et le mauvais prêtre. Certains même accomplissent par excès de zèle des actes blâmables et servent les intérêts de la terre en croyant servir peut-être les intérêts du ciel.

Ces derniers écouteront avec bienveillance notre voix, qui les rappelle vers le chemin qu'ils doivent suivre et dans la mission qui est imposée au sacerdoce. Et, si notre bouche ne leur inspire pas assez de confiance, qu'ils méditent les paroles éloquentes que j'ai citées, qu'ils écoutent la voix de Chateaubriand qui leur crie :

« Il faut qu'un prêtre soit un personnage tout divin; il faut qu'autour de lui règnent la vertu et le mystère. Retiré dans les saintes ténèbres du temple, qu'on l'entende sans l'apercevoir; que sa voix solennelle, grave et religieuse, m'apporte ses paroles prophétiques ou ses hymnes de paix des sacrées profondeurs du tabernacle, que ses apparitions soient courtes parmi les hommes; qu'il ne se montre au milieu du siècle que pour faire du bien aux malheureux : c'est à ce prix qu'on offre au prêtre le respect et la confiance. Il perdra bientôt l'un et l'autre si on le trouve à la porte des grands, si l'on se familiarise avec lui, s'il a tous les vices qu'on reproche au monde, et si l'on peut un moment le soupçonner homme comme les autres hommes [1]. »

Voilà la conduite du prêtre toute tracée; il n'en a pas d'autre. En Corse, il n'y a pas d'erreur à détruire, d'hérésies contre lesquelles on doive fulminer. Nous sommes tous frères d'une même religion, fils d'une même famille. Que le prêtre nous guide et serve d'exemple par ses vertus modestes. Dans notre pays, chrétien et catholique par excellence, il a toute influence assurée sur l'esprit et le cœur des fidèles. Nous sommes tous croyants, tous unis dans une même foi, et tous nous disons au prêtre : Mon père !

Le sentiment religieux dans notre île est poussé en quelques parties jusqu'à la superstition. Les populations de la campagne surtout sont crédules et confiantes. Au milieu d'elles, le prêtre est un père de famille aimé, vénéré.

Nous ne pouvons mieux peindre son rôle qu'en empruntant un morceau de dialogue dans un roman récemment publié :

« — Il y a longtemps, monsieur le curé, que vous dirigez cette paroisse. Depuis près de trente ans vous êtes le conseiller et le consolateur des pauvres paysans qui vivent sur cette colline. Vous les avez tous connus,

_____

[1] *Génie du christianisme.*

ceux qui sont morts, ceux qui ont disparu, ceux qui sont dispersés, comme vous connaissez ceux qui vivent autour de ce temple.

« — Oui, ce sont tous mes enfants. »

Et ailleurs :

« Dans la plupart des communes rurales, le prêtre est souvent le dépositaire du secret des familles ; là, il reçoit les enfants au début de l'existence, les conduit dans la vie et les mène à la tombe. »

Ainsi tous les actes de la vie reçoivent de la main du prêtre leur consécration. Il bénit la bienvenue de l'homme en ce monde; il lui ouvre le banquet de l'existence en l'admettant à la table divine, il lui marque la puberté, cette époque où l'homme, débarrassé des faiblesses de l'enfance et des soins dont on entourait son développement, entre dans l'activité générale, libre et spontanée, participe à l'action humaine, où il sort, pour ainsi dire, de sa coque de chrysalide et vole de ses propres ailes en recevant la manumission ecclésiastique, car c'est l'heure de l'affranchissement. C'est encore le prêtre qui conduit les fêtes de l'hyménée, qui appelle sur les unions les félicités dont Dieu dispose, qui conseille les époux, les fait bons, aimants, conciliants! Il berce le malade de ses consolantes paroles; il dépose la paix dans les âmes troublées.

Et au sein de nos campagnes, où souvent plane l'ignorance, de quelle puissance ne dispose pas le prêtre! Il a un esprit cultivé; la science humaine et la science divine lui sont familières. Les paysans viennent alors chercher ses conseils, et parce qu'il est prêtre, et parce qu'il est éclairé. Sa voix leur sert de guide dans la plupart des actes importants de la vie, à quelque ordre d'idées que ces actes appartiennent.

On voit dès lors quel puissant ascendant il peut prendre sur les populations simples, pieuses, croyantes. Lui seul peut mettre un frein sérieux aux passions ardentes qui agitent les natures méridionales. Combien d'abus cet ascendant bien dirigé ne pourrait-il pas détruire! quelles discordes ne parviendrait-il pas à éteindre! quelle paix féconde en bonheur et en prospérités n'aurait-il pas la puissance de faire régner!

Les rivalités ont été de tout temps le fléau de la Corse. L'Égypte a eu ses sept plaies. Notre île avait sa plaie terrible qui rongeait sa vitalité, qui atteignait toutes les branches de sa manifestation, qui paralysait tout progrès, qui la retenait enfin dans un état morbide, voisin de l'anéantissement.

L'expression la plus énergique de ce mal était le banditisme.

Grâce aux sages mesures du gouvernement de l'Empereur, grâce ensuite à l'activité prudente, intelligente et ferme de l'administration de la Corse, grâce enfin au patriotisme éclairé de M. Charles Abbatucci, conseiller d'État et fils de l'éminent ministre qu'on regrettera longtemps, le banditisme a disparu, nos campagnes ne sont plus désolées, nos makis ont perdu l'aspect formidable dont l'imagination les revêtait, et l'horreur n'accompagne plus leurs profondeurs sombres, mais sûres et paisibles.

Cependant faut-il conclure de là que tout levain de

haine est banni, que toute paix est faite, que la concorde, l'amitié, la fraternité, s'est assise au foyer des Corses. La rivalité des uns n'arrête-t-elle plus les efforts des autres? Hélas ! non. Les Corses ne travaillent pas encore d'un élan commun à la prospérité générale. L'administration a beau user de zèle, se multiplier sur tous les points de l'île, employer tous les moyens imaginables pour amener la grande pacification; elle n'a pas le maniement des âmes, et elle ne peut donc atteindre le mal que dans ses manifestations, et non dans son siége. On empêche le fléau de s'étendre; on concentre en quelque sorte l'incendie dans son foyer, et on arrête son progrès. Mais il brûle toujours; le feu n'a rien perdu de sa force, et, pour être plus latent, plus caché, plus sourd, il n'est pas moins dangereux. Il agit en dessous; il mine la paix par la base. Une occasion, un souffle, un rien, pourrait en attiser la flamme, la propager rapidement et faire éclater une grande conflagration. C'est donc au foyer principal qu'il faut attaquer le mal ; c'est l'âme, c'est le cœur, qu'il faut atteindre, apaiser, transformer.

Et cette mission-là est réservée au prêtre, parce que seul le prêtre a charge d'âmes et a droit de se faire ouvrir les consciences.

Qu'on le sache bien, là est l'avenir de la Corse. La question de vie et de progrès dépend de celle de la pacification. Il faut que les haines cessent, pour que l'île prenne son essor.

L'avenir de la Corse est donc entre les mains des prêtres.

L'autorité civile a fait son œuvre. Que l'autorité ecclésiastique accomplisse la sienne!

L'action conciliatrice du prêtre peut s'exercer de deux manières : ou par son intervention pacifiante, ou par une prudente neutralité qui laisse aux rivalités honorables la liberté de se produire dans des luttes inoffensives.

Je ne tracerai pas le devoir du prêtre dans le premier cas; il le connaît mieux que moi.

Quant à sa neutralité, je m'arrêterai sur ce devoir et j'insisterai.

Cette neutralité lui est surtout commandée dans les luttes électorales.

Le suffrage universel, magnifique conquête des temps modernes, est l'expression la plus absolue de la liberté et de l'égalité civiles. Le gouvernement, pour le débarrasser de toute influence qui viciât et altérât la libre spontanéité du votant, a écarté avec soin tout moyen de subornation, de captation et de fraude.

Abdiquer toute influence, en cette circonstance, c'est donc, pour le prêtre, accomplir un devoir divin et un devoir civil; car il accomplit en même temps la pensée de l'Empereur et la pensée de Dieu, qui lui dit : Mon royaume n'est pas de ce monde.

Je sais bien que sur le continent certains prêtres, pleins d'admiration pour le génie et la mission de la dynastie des Bonaparte, combattent avec zèle les dissidences politiques. Sans blâmer cette conduite louable, du reste, mais qui peut avoir son danger pour la religion et pour le caractère du prêtre, je dirai que cette œuvre est inutile en Corse. Dans notre île, berceau de la famille de notre souverain, tous les cœurs battent pour le nom de Napoléon; nous sommes tous unis dans une même pensée politique, dans une même religion, dans un même but. La grande unité corse est victorieusement établie :

La grande unité catholique et napoléonienne!

Que viendrait donc faire au milieu de cette situation le concours politique des prêtres? Confondre leurs vœux et leurs votes avec ceux des citoyens?

Très-bien.

Diriger notre volonté et écrire notre bulletin?

Halte-là !

C'est là une œuvre de discorde, une œuvre désorganisatrice, dissolvante; car ici la question des personnes remplace la question de système politique. Les préférences mesquines viennent troubler le grand acte électoral. On mêle une question de clocher, de famille, de népotisme, à cette grande affaire où le désintéressement doit présider, car on ne peut expliquer autrement le but de l'influence que cherche le prêtre. Et, comme un candidat ainsi en butte à la désaffection de l'Église ne s'explique pas cette guerre, cette opposition, lui bon chrétien, bon catholique, ardemment dévoué à la cause de Napoléon, son cœur s'emplit d'amertume, de fiel, de doute pour ces hommes qui représentent le Dieu de paix et qui sèment la discorde. La haine entre dans son cœur, ainsi que dans le cœur des siens. Il ne peut voir sans indignation

cette injustice que commet envers lui le clergé. Le mépris entre à la suite de la haine dans son âme; à ses
yeux le caractère du prêtre est rabaissé, avili, souillé.
L'idée religieuse elle-même peut être fortement ébran-
lée dans son esprit auparavant plein de foi et de sin-
cérité.

J'ai eu sous les yeux un triste tableau des intrigues
électorales.

Ces intrigues, je n'ai pas le courage de les flétrir;
mais ma voix s'élèvera pour en peindre les scan-
dales, afin d'en prévenir, s'il est possible, le retour
affligeant.

Ce n'est pas la première fois du reste que le clergé
se livre à ces abus d'influences; je l'ai dit, dans tous
les États, l'Église a souvent cherché et cherche encore
a emporter les élections.

En Sardaigne, de nombreux votes ont dû être an-
nulés.

La Belgique est périodiquement livrée aux luttes
acharnées du parti clérical.

On lit à ce sujet dans l'*Annuaire des Deux-Mondes* :

« Le parti libéral, s'appuyant sur l'ardente jeunesse
des villes, organisée en associations, a trouvé pour
adversaire la puissante constitution du clergé catholique, les mandements des évêques, l'embrigadement
des électeurs campagnards sous la conduite de leurs
curés, la création d'une caisse bien garnie, destinée
à payer les frais de transport et d'hébergement des
électeurs ruraux, parfois même leurs suffrages.....

« Le parti catholique avait pour subvenir aux dépenses électorales les ressources immenses qu'il puise dans les quêtes et dans la création d'établissements d'instruction à tous les degrés. »

Rapporté après ces paroles, ce que je vais dire paraîtra plus vrai et mon récit plus dépouillé de tout esprit d'hostilité.

Vrai, et c'est pénible à dire, le clergé se montre en partie coutumier du fait. Tel il est en Piémont, tel il est en Belgique et tel il vient de se montrer récemment en Corse. Lors des élections des conseils généraux, j'ai assisté à un spectacle fait pour serrer le cœur de tout bon patriote et de tout bon catholique. Dans un grand nombre de paroisses, les desservants ont déserté leur poste sacré, *même en jour de dimanche* (circonstance qui privait les paroissiens de messe), et sont allés se livrer à des manœuvres indignes de leur ministère. Ils n'ont pas craint de franchir les plus grandes distances pour venir importuner les électeurs. Ils n'ont pas craint, dis-je, d'user de brigues, d'employer la flatterie, la persuasion, les exhortations, *voir même les menaces*, pour diriger les votes selon leurs préférences.

Le canton de Soccia, entre autres, a reçu la battue de plus de cinquante prêtres qui allaient de porte en porte, de chaumière en chaumière, de ferme en ferme, de village en village, endoctrinant les paysans, faisant des promesses, donnant telle ou telle couleur à la mission du candidat qu'ils patronnaient.

C'était le neveu de l'évêque, M. Casanelli d'Istria [1].

______

[1] Bien qu'appuyé par le clergé, ce candidat a échoué contre la candidature de M. Leca, géomètre en chef de la Corse.

Ils faisaient la leçon à la femme, à la jeune fille; ils séduisaient le père, la mère, pour assurer leur succès auprès du fils. Ils ne craignaient pas d'aller trouver l'électeur au milieu des champs, à sa bergerie, le jour comme la nuit, aux heures de son travail, et là de mettre en usage tous les moyens pour lui faire acepter un bulletin que sa conscience repoussait peut-être.

Qu'on juge, par exemple, la lettre suivante, écrite par un curé à son cousin, à l'occasion de ces élections. Elle est curieuse et elle donne une idée du caractère de cette lutte. Je la copie textuellement sur l'original.

« Caro cucino,

Ricordatevi che il curato di... vostro cucino è quello che viscrive per sapere se voi lo mancarete in quest occasione. Io dunque intendo da voi come cucino che voi non mancarete di darmi il vostro voto e cercarete degli altri per l'avvocato Casanelli sola persona che io ho in questo mondo.

« Oggi e il momento che io riconosca i miei parenti vi saluto e mi dico *il vostro cucino Corso.*

«D....., curato.

« C..., 17 aprile 1858. »

Malgré toutes ces circonstances, des résistances avaient lieu en bien des endroits; tout en manifestant leur foi en la religion du Christ et leur respect pour ses ministres, beaucoup de nos concitoyens repous-

saient les suggestions dont on les assaillait et décla-
raient vouloir voter en toute liberté. C'est alors qu'il
s'est produit, et j'en ai été témoin, des scènes scanda-
leuses.

Voyez-vous un curé de village réunir son peuple à
la seule, *mais fausse nouvelle* de la victoire de son candidat, pour chanter un *Te Deum* en l'honneur de ce
succès? Le voyez-vous suspendre de ses fonctions le
caissier de la fabrique, parce que celui-ci voulait attaquer l'auteur de *cet acte irréligieux* en dommages et
intérêts pour avoir brûlé les cierges de l'église?

En vérité, c'est navrant à dire!

C'est épouvantable! c'est ridicule! c'est scanda-
leux!

Il n'y a donc plus de justice! il n'y a donc plus d'épée
pour frapper [1]!

Qu'alliez-vous faire, prêtres du Seigneur, au milieu
de ces luttes tout d'intérêt terrestre, mondain? Alliez-
vous porter des paroles de conciliation et de paix? Dans
notre Corse aux passions ardentes, aux conflits prompts
et terribles, aux débats pleins de menaces et d'orages,
alliez-vous conjurer la tempête? Sans doute il eût été
beau de vous voir mêlés, vous à la fois ministres de Dieu
et citoyens, au mouvement électoral avec calme, dignité, réserve. Pourquoi ne pas imiter ces braves gen-
darmes de la Corse, qui n'ont pas cru devoir voter
pour ne pas froisser tel ou tel autre candidat? C'eût
été d'un bel exemple. Vous auriez été, comme les gen-

---

[1] Moralement, bien entendu.

darmes, les modèles de la modération. Votre caractère eût reçu par cette noble conduite un nouveau lustre et un rehaussement singulier; car on eût vu en vous réellement des hommes étrangers aux injustices, aux violences, aux passions humaines enfin. Malheureusement l'esprit des ténèbres s'est répandu sur une partie du clergé corse, et cette partie, dans son aveuglement fatal, a étendu sa tyrannie sur les cœurs et les consciences.

Mais que les prêtres le sachent bien, en faisant servir leur puissance spirituelle à établir leur puissance matérielle, ils attachent à leur empire ce caractère de fragilité, de mobilité, qui s'attache à tout ordre d'idées matérielles. Ils exilent leur règne de l'éternité pour l'établir dans le temps; ils deviennent les hommes du jour, les puissants du moment; leur influence est limitée à une heure. La faveur qui l'a élevée peut la renverser; et ils peuvent être abattus demain par la même raison qu'il les a promus hier.

Vrai, je le dis avec tristesse, une partie du clergé a mal agi. Elle a mal agi, et je dis ces paroles, non comme un reproche triomphant, mais comme un avertissement douloureux.

On n'est pas ennemi de ceux à qui on crie : *Casse-cou!*

Oui, *casse-cou!* car la conduite que certains prêtres ont tenue lors des dernières élections était grosse de dangers. Elle pouvait amener une opposition violente, non-seulement contre le candidat du clergé, mais contre le clergé lui-même; car les manœuvres cléricales ont indigné tous les cœurs loyaux. Que penser en effet et que dire devant ce fait déplorable? Au petit séminaire de Vico, dans cette pépinière de jeunes prêtres où l'on doit former à la fraternité, à l'amour de tous les hommes le cœur du lévite, où on doit chercher à diriger toutes ses vues vers le ciel et l'éloigner de plus en plus des misérables passions de ce monde, qu'ont fait les professeurs, ces hommes sacrés, touchés de l'esprit de Dieu, les plus éclairés d'entre les prêtres, puisqu'ils concourent à les former? Ont-ils enseigné le dogme ou la morale à leurs élèves? Les ont-ils pénétrés des préceptes du Seigneur? ont-ils attiré sur ces jeunes intelligences les lumières de l'Esprit-Saint?

Non, ces hommes s'occupaient d'élections.

Ils ont réuni leurs élèves, et ils leur ont dit: « Laissez en ce moment l'œuvre du ciel, et faisons l'œuvre de la terre. Dieu veut que vous n'ayez parmi les hommes que des frères ; eh bien, il faut y voir des ennemis : un tel est notre ennemi, notre rival, notre compétiteur. Dieu commande la paix, allez faire la guerre. »

Et ils sont partis, ces jeunes adeptes ; ils ont franchi les montagnes, animés d'une ardeur, d'une passion coupables. Ils ont fait leurs premières armes dans la vie de la prêtrise ; ils ont conquis quelques votes ! Et les voilà plus satisfaits de ce petit triomphe que s'ils avaient converti tous les barbares ou sauvé toutes les âmes de ce monde !

En vérité, je vous le dis, vous vous engagez dans une voie fatale.

Et, si le clergé se montre sourd à mes paroles, c'est à son chef que je m'adresse, c'est à celui que ses lumières incontestables et ses vertus ont appelé au siége épiscopal de la Corse.

« C'est vous, monseigneur, qui pouvez faire rentrer les pasteurs de votre troupeau dans la ligne de conduite que leur a tracée l'Évangile. Vous avez en main l'ascendant moral, la force matérielle ! Parlez, et le clergé ne sortira plus de ses attributions ; parlez, vous le devez ! Parlez, et vous serez obéi. De grâce, soyez moins indulgent ; faites que votre parole retentisse dans toute la Corse; ne laissez pas libres de leur volonté les curés de notre île ; rappelez-les à l'ordre, conseillez-leur la modération dans toutes les luttes civiles, et vous aurez mérité de la patrie, car vous contribuerez par là au bonheur et à la véritable prospérité de la Corse. »

Ce n'est pas, certes, que je désire interdire au prêtre toute influence. Qu'il provoque, au contraire, au nom du sentiment religieux, l'exercice de la charité, qu'il prenne part à la distribution des secours aux indigents, c'est bien agir ; qu'il se tienne ainsi dans la sphère des intérêts religieux, en dehors des luttes de partis, je n'ai qu'à le louer. Mais, lorsqu'on le voit chercher dans tous les actes de son ministère des moyens d'influence politique, n'est-il pas naturel qu'une voix sincère et loyale s'élève pour démasquer ses intrigues et l'arrêter dans son envahissement?

Encore une fois, je le répète, que le prêtre rentre dans sa mission évangélique. En Corse, cette mission est de la plus haute importance. D'elle dépendent l'entier apaisement des passions et la cessation des rivalités haineuses.

La pensée du gouvernement, comprise avec une rare intelligence par l'administration et exécutée par elle avec autant d'énergie que de prudence, est en ce moment la pacification de la Corse. Le clergé doit concourir à cette œuvre, et non la contrarier.

Agir contrairement, ce serait, j'oserai le dire, manquer de cœur, de dévouement, de religion, de patriotisme.

Ce serait surtout bien mal comprendre les intérêts de l'Église. La guerre appelle la guerre; les réactions se suivent et s'enchaînent.

Chateaubriand a dit :

« Tandis que l'Église triomphait encore, déjà M. de Voltaire faisait renaître la persécution de Jullien ; et, comme il exerça un empire plus absolu sur l'opinion, sa victoire fut plus complète et plus terrible. »

Que le clergé médite bien ces paroles !

Et surtout qu'il ne fasse pas par ses imprudences la voie aisée à l'esprit de Voltaire et aux réactions anti-religieuses de l'opinion.

FIN

www.ingramcontent.com/pod-product-compliance
Lightning Source LLC
Chambersburg PA
CBHW061111050726
47594CB00005B/1888